AF200922

Impressum
Verlag: BABADADA GmbH, Nedderfeld 112 , 22529 Hamburg
Geschäftsführer / Verlagsleitung: Harald Hof
Druck: Books on Demand GmbH, In de Tarpen 42, 22848 Norderstedt

Imprint
Publisher: BABADADA GmbH, Nedderfeld 112 , 22529 Hamburg, Germany
Managing Director / Publishing direction: Harald Hof
Print: Books on Demand GmbH, In de Tarpen 42, 22848 Norderstedt

école

5ch00l

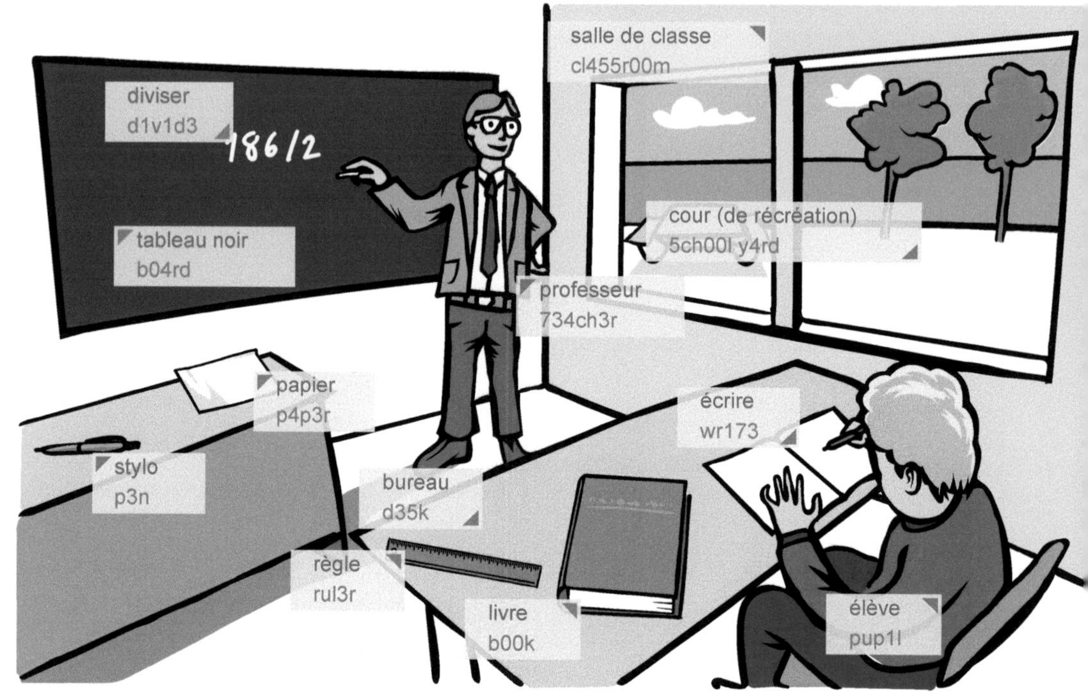
salle de classe
cl455r00m
diviser
d1v1d3
186/2
tableau noir
b04rd
cour (de récréation)
5ch00l y4rd
professeur
734ch3r
papier
p4p3r
écrire
wr173
stylo
p3n
bureau
d35k
règle
rul3r
livre
b00k
élève
pup1l

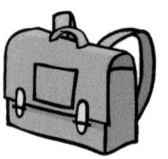

cartable

547ch3l

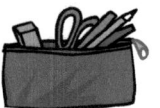

trousse

p3nc1l c453

crayon

p3nc1l

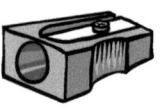

taille-crayon

p3nc1l 5h4rp3n3r

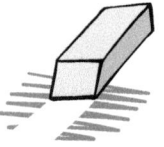

gomme

rubb3r

carnet à dessin

dr4w1n6 p4d

dessin

dr4w1n6

pinceau

p41n7bru5h

boîte de peinture

p41n7 b0x

ciseaux

5c1550r5

colle

6lu3

cahier d'exercices

3x3rc153 b00k

devoirs

h0m3w0rk

chiffre

numb3r

additionner

4dd

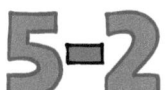

soustraire

5ub7r4c7

multiplier

mul71ply

calculer

c4lcul473

lettre

l3773r

alphabet

4lph4b37

mot

w0rd

texte

73x7

lire

r34d

craie

ch4lk

leçon

l3550n

livre de classe

r361573r

examen

3x4m1n4710n

certificat

c3r71f1c473

uniforme scolaire

5ch00l un1f0rm

formation

3duc4710n

lexique

3ncycl0p3d14

université

un1v3r517y

microscope

m1cr05c0p3

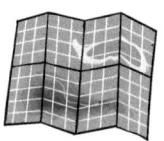

carte

m4p

corbeille à papier

w4573-p4p3r b45k37

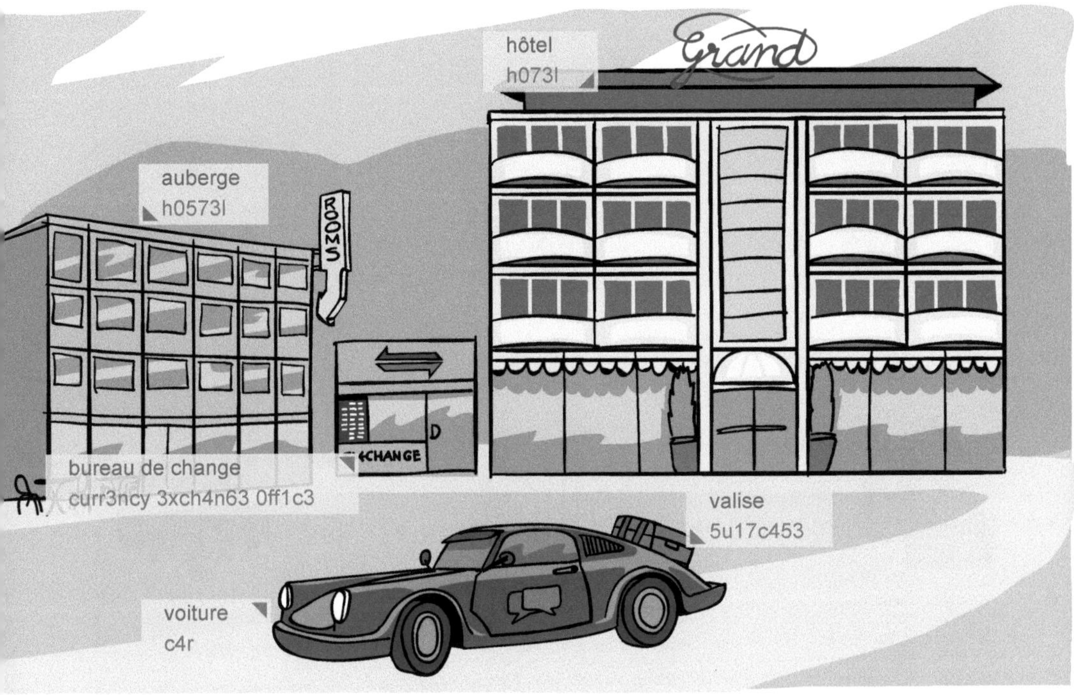
hôtel
h073l
Grand
auberge
h0573l
ROOMS
bureau de change
curr3ncy 3xch4n63 0ff1c3
CHANGE
valise
5u17c453
voiture
c4r

langue
l4n6u463

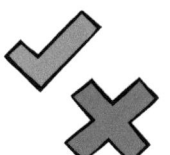

oui / non
y35 / n0

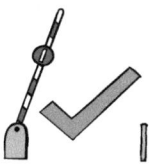

d'accord
0k4y

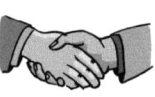

Salut
h3ll0

interprète
7r4n5l470r

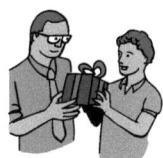

merci
7h4nk y0u

Combien coûte...?

h0w much 15

Je ne comprends pas

1 d0 n07 und3r574nd

problème

pr0bl3m

Bonsoir !

600d 3v3n1n6!

Bonjour !

600d m0rn1n6!

Bonne nuit !

600d n16h7!

Au revoir

600dby3

direction

d1r3c710n

bagages

lu66463

sac

b46

sac-à-dos

b4ckp4ck

hôte

6u357

pièce

r00m

sac de couchage

5l33p1n6 b46

tente

73n7

office de tourisme

70ur157 1nf0rm4710n

plage

b34ch

carte de crédit

cr3d17 c4rd

petit-déjeuner

br34kf457

déjeuner

lunch

dîner

d1nn3r

billet

71ck37

ascenseur

3l3v470r

timbre

574mp

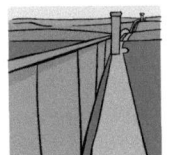

frontière

b0rd3r

douane

cu570m5

ambassade

3mb455y

visa

v154

passeport

p455p0r7

transport
7r4n5p0r7

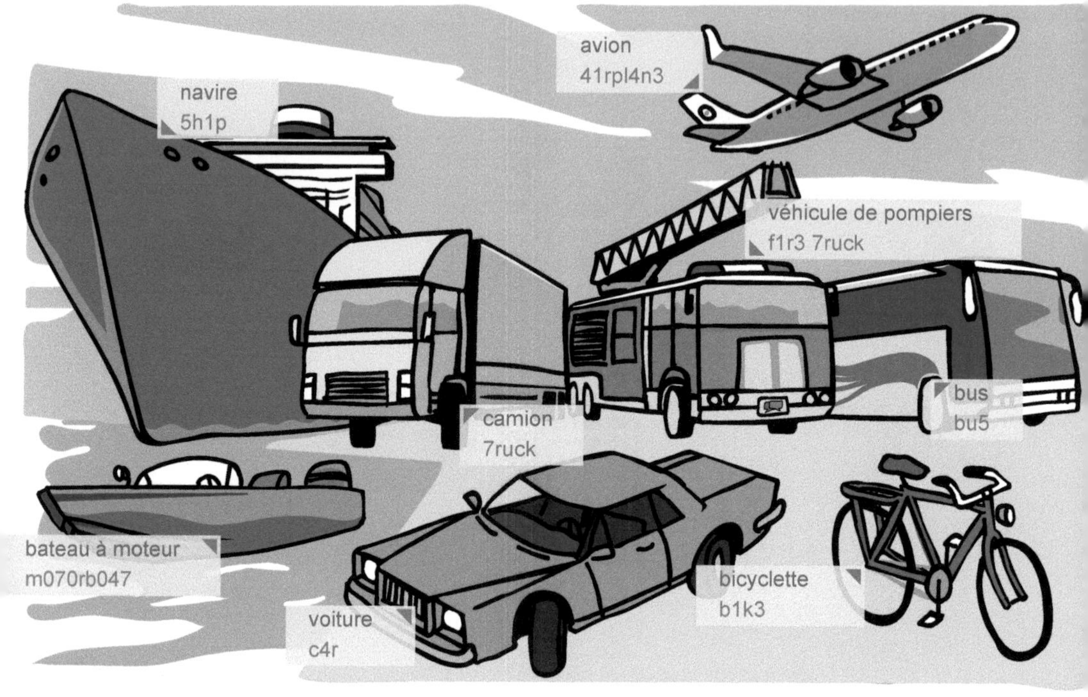
avion
41rpl4n3
navire
5h1p
véhicule de pompiers
f1r3 7ruck
camion
7ruck
bus
bu5
bateau à moteur
m070rb047
bicyclette
b1k3
voiture
c4r

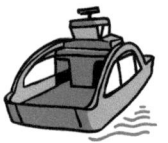

ferry

f3rry

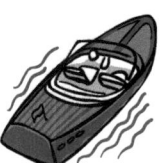

barque

b047

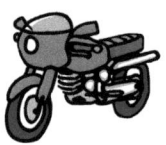

moto

m070rb1k3

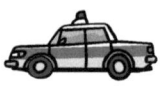

voiture de police

p0l1c3 c4r

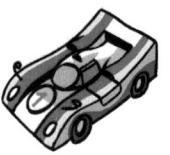

voiture de course

r4c1n6 c4r

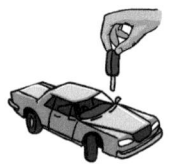

voiture de location

r3n74l c4r

auto-partage

c4r 5h4r1n6

voiture de remorquage

70w 7ruck

benne à ordures

64rb463 7ruck

moteur

3n61n3

essence

fu3l

station d'essence

fu3l 574710n

panneau indicateur

7r4ff1c 516n

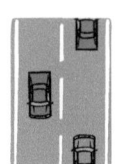

trafic

7r4ff1c

embouteillage

7r4ff1c j4m

parking

p4rk1n6 l07

gare

7r41n 574710n

rails

7r4ck5

train

7r41n

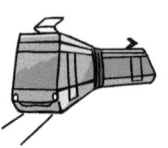

tramway

7r4m

wagon

w460n

hélicoptère

h3l1c0p73r

aéroport

41rp0r7

tour

70w3r

passager

p4553n63r

conteneur

c0n741n3r

carton

c4r70n

chariot

c4r7

corbeille

b45k37

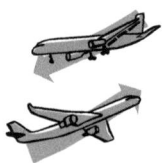

décoller / atterrir

74k3 0ff / l4nd

ville

c17y

village

v1ll463

centre-ville

c17y c3n73r

maison

h0u53

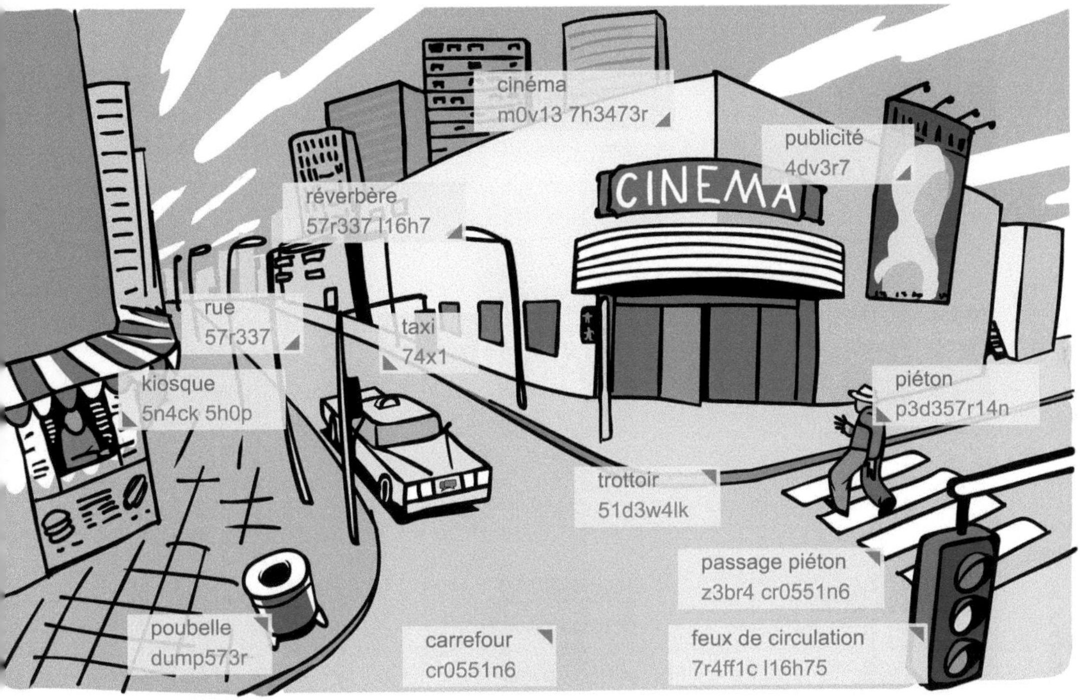

cinéma
m0v13 7h3473r

publicité
4dv3r7

réverbère
57r337 l16h7

rue
57r337

taxi
74x1

kiosque
5n4ck 5h0p

piéton
p3d357r14n

trottoir
51d3w4lk

passage piéton
z3br4 cr0551n6

poubelle
dump573r

carrefour
cr0551n6

feux de circulation
7r4ff1c l16h75

CINEMA

cabane

hu7

appartement

4p4r7m3n7

gare

7r41n 574710n

mairie

c17y h4ll

musée

mu53um

école

5ch00l

université

un1v3r517y

banque

b4nk

hôpital

h05p174l

hôtel

h073l

pharmacie

ph4rm4cy

bureau

0ff1c3

librairie

b00k 5h0p

magasin

5h0p

fleuriste

fl0w3r 5h0p

supermarché

5up3rm4rk37

marché

m4rk37

grand magasin

d3p4r7m3n7 570r3

poissonnerie

f15hm0n63r'5 5h0p

centre commercial

m4ll

port

h4rb0r

parc

p4rk

banque

b3nch

pont

br1d63

escaliers

5741r5

métro

5ubw4y

tunnel

7unn3l

arrêt de bus

bu5 570p

bar

b4r

restaurant

r3574ur4n7

boîte à lettres

p057b0x

panneau indicateur

57r337 516n

parcmètre

p4rk1n6 m373r

zoo

z00

piscine

5w1mm1n6 p00l

mosquée

m05qu3

ferme

f4rm

pollution

p0llu710n

cimetière

c3m373ry

église

church

aire de jeux

pl4y6r0und

temple

73mpl3

paysage

l4nd5c4p3

feuille
l34f

panneau indicateur
516np057

chemin
p47h

pré
m34d0w

pierre
570n3

arbre
7r33

randonneur
h1k3r

rivière
r1v3r

herbe
6r455

fleur
fl0w3r

vallée	montagne	lac
v4ll3y	h1ll	l4k3
	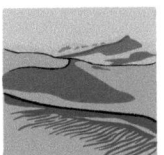	
forêt	désert	volcan
f0r357	d353r7	v0lc4n0

château	arc-en-ciel	champignon
c457l3	r41nb0w	mu5hr00m

palmier	moustique	mouche
p4lm 7r33	m05qu170	fly

fourmis	abeille	araignée
4n7	b33	5p1d3r

coléoptère

b337l3

grenouille

fr06

écureuil

5qu1rr3l

hérisson

h3d63h06

lièvre

h4r3

chouette

0wl

oiseau

b1rd

cygne

5w4n

sanglier

b04r

cerf

d33r

élan

m0053

barrage

d4m

éolienne

w1nd 7urb1n3

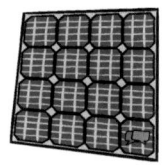

panneau solaire

50l4r p4n3l

climat

cl1m473

restaurant

r3574ur4n7

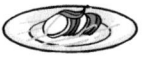

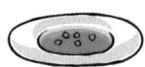

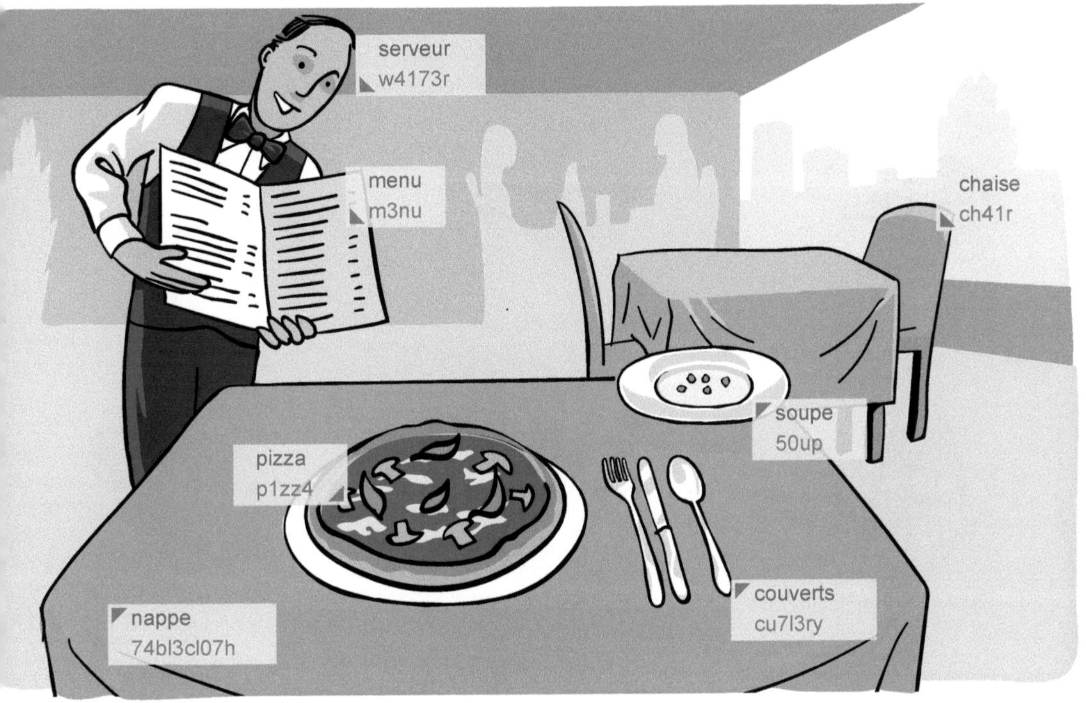
serveur
w4173r
menu
m3nu
chaise
ch41r
soupe
50up
pizza
p1zz4
couverts
cu7l3ry
nappe
74bl3cl07h

hors d'œuvre

574r73r

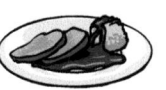

plat principal

m41n c0ur53

dessert

d3553r7

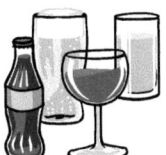

boissons

dr1nk5

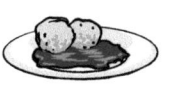

alimentation

f00d

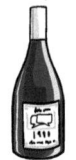

bouteille

b077l3

fast-food

f457 f00d

plats à emporter

57r337 f00d

théière

734p07

sucrier

5u64r b0wl

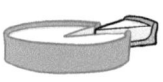

portion

p0r710n

machine à expresso

35pr3550 m4ch1n3

chaise haute

h16h ch41r

facture

b1ll

plateau

7r4y

couteau

kn1f3

fourchette

f0rk

cuillère

5p00n

cuillère à thé

7345p00n

serviette

53rv13773

verre

6l455

assiette

pl473

assiette à soupe

50up pl473

soucoupe

54uc3r

sauce

54uc3

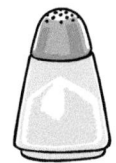

salière

54l7 5h4k3r

moulin à poivre

p3pp3r m1ll

vinaigre

v1n364r

huile

01l

épices

5p1c35

ketchup

k37chup

moutarde

mu574rd

mayonnaise

m4y0nn4153

supermarché
5up3rm4rk37

offre promotionnelle
5p3c14l 0ff3r
FOR
client
cu570m3r
produits laitiers
d41ry pr0duc75
fruits
fru17
chariot
5h0pp1n6 c4r7

BUTCHERS

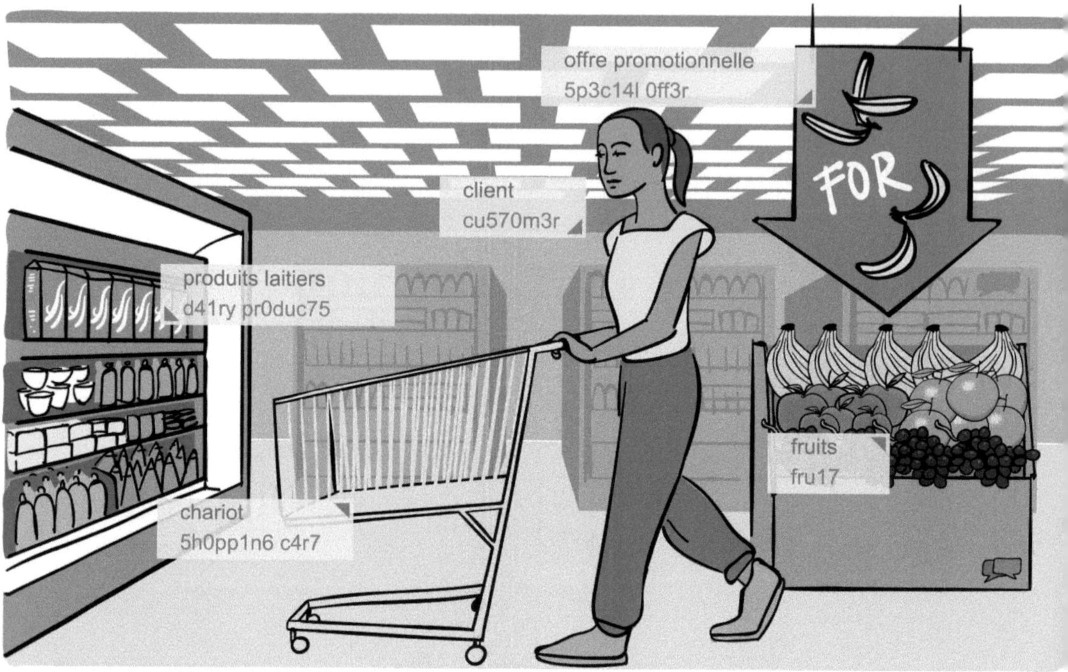

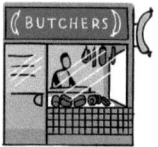

boucherie

bu7ch3r'5 5h0p

BAKERY

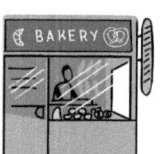

boulangerie

b4k3ry

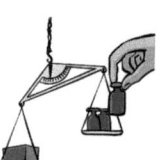

peser

w316h

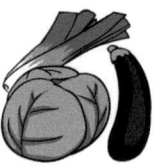

légumes

v36374bl35

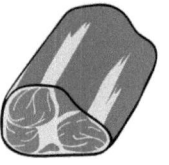

viande

m347

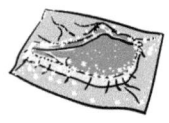

aliments surgelés

fr0z3n f00d

charcuterie

c0ld cu75

conserves

c4nn3d f00d

poudre à lessive

d373r63n7

bonbons

c4ndy

articles ménagers

h0u53h0ld pr0duc75

détergents

cl34n1n6 pr0duc75

vendeuse

54l35 r3pr353n7471v3

caisse

c45h r361573r

caissier

c45h13r

liste d'achats

5h0pp1n6 l157

heures d'ouverture

0p3n1n6 h0ur5

portefeuille

w4ll37

carte de crédit

cr3d17 c4rd

sac

b46

sac en plastique

pl4571c b46

eau

w473r

jus de fruit

ju1c3

lait

m1lk

coca

c0k3

vin

w1n3

bière

b33r

alcool

4lc0h0l

chocolat chaud

c0c04

thé

734

café

c0ff33

expresso

35pr3550

cappuccino

c4ppucc1n0

banane

b4n4n4

pomme

4ppl3

orange

0r4n63

melon

m3l0n

citron

l3m0n

carotte

c4rr07

ail

64rl1c

bambou

b4mb00

oignon

0n10n

champignon

mu5hr00m

noisettes

nu75

pâtes

n00dl35

spaghetti

5p46h3771

riz

r1c3

salade

54l4d

pommes frites

fr135

pommes de terre rôties

fr13d p0747035

pizza

p1zz4

hamburger

h4mbur63r

sandwich

54ndw1ch

escalope

35c4l0p3

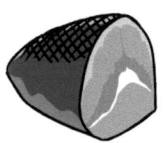

jambon

h4m

salami

54l4m1

saucisse

54u5463

poulet

ch1ck3n

rôti

r0457

poisson

f15h

flocons d'avoine

p0rr1d63 0475

muesli

mu35l1

cornflakes

c0rnfl4k35

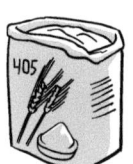

farine

fl0ur

croissant

cr01554n7

petits-pains

br34d r0ll

pain

br34d

pain grillé

70457

biscuits

c00k135

beurre

bu773r

le fromage blanc

curd

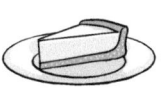

gâteau

c4k3

œuf

366

œuf au plat

fr13d 366

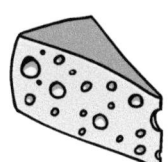

fromage

ch3353

glace

1c3 cr34m

sucre

5u64r

miel

h0n3y

confiture

j3lly

crème nougat

n0u647 cr34m

curry

curry

ferme
f4rm h0u53

botte de paille
57r4w b4l3

grange
b4rn

champ
f13ld

cheval
h0r53

remorque
7r41l3r

poulain
f04l

tracteur
7r4c70r

âne
d0nk3y

agneau
l4mb

mouton
5h33p

chèvre

6047

vache

c0w

veau

c4lf

porc

p16

porcelet

p16l37

taureau

bull

oie

60053

canard

duck

poussin

ch1ck

poule

h3n

coq

c0ck3r3l

rat

r47

chat

c47

souris

m0u53

bœuf

0x

chien

d06

chenil

d06 h0u53

tuyau de jardin

64rd3n h053

arrosoir

w473r1n6 c4n

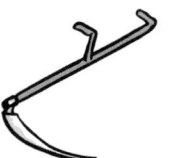

faucheuse

5cy7h3

charrue

pl0u6h

ferme - f4rm

faucille

51ckl3

pioche

h03

fourche

p17chf0rk

hache

4x3

brouette

pu5hc4r7

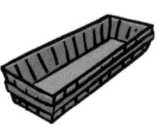

cuve

7r0u6h

pot à lait

m1lk c4n

sac

54ck

clôture

f3nc3

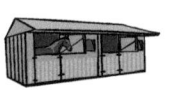

étable

574bl3

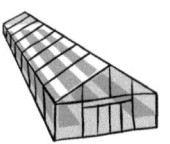

serre

6r33nh0u53

sol

501l

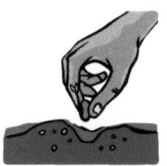

semences

533d

engrais

f3r71l1z3r

moissonneuse-batteuse

c0mb1n3 h4rv3573r

récolter

h4rv357

récolte

h4rv357

igname

y4m5

blé

wh347

soja

50y4

pomme de terre

p07470

maïs

c0rn

colza

r4p3533d

arbre fruitier

fru17 7r33

manioc

m4n10c

céréales

6r41n

maison
h0u53

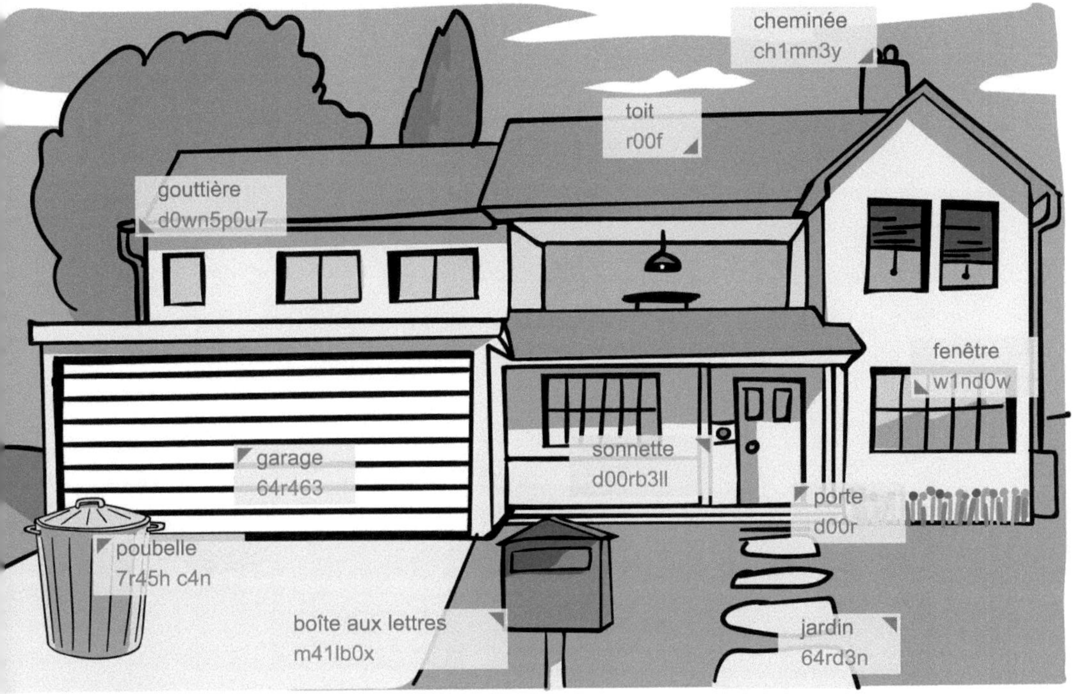

cheminée
ch1mn3y
toit
r00f
gouttière
d0wn5p0u7
fenêtre
w1nd0w
sonnette
d00rb3ll
garage
64r463
porte
d00r
poubelle
7r45h c4n
boîte aux lettres
m41lb0x
jardin
64rd3n

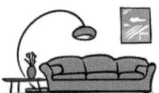

salon

l1v1n6 r00m

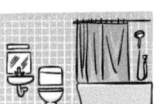

salle de bain

b47hr00m

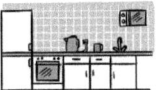

cuisine

k17ch3n

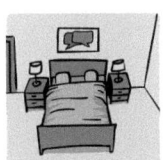

chambre à coucher

b3dr00m

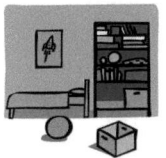

chambre d'enfant

ch1ld'5 r00m

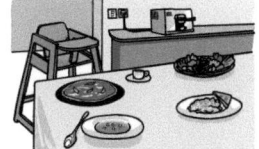

salle à manger

d1n1n6 r00m

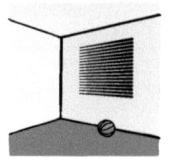

sol

fl00r

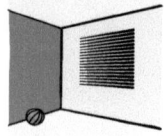

mur

w4ll

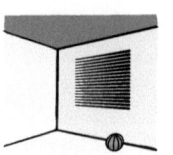

plafond

c31l1n6

cave

c3ll4r

sauna

54un4

balcon

b4lc0ny

terrasse

73rr4c3

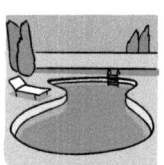

piscine

p00l

tondeuse à gazon

l4wn m0w3r

housse

5h337

couette

b3d5pr34d

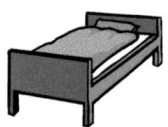

lit

b3d

balai

br00m

sceau

buck37

interrupteur

5w17ch

salon

l1v1n6 r00m

papier peint
w4llp4p3r
image
p1c7ur3
lampe
l4mp
étagère
5h3lf
armoire
c4b1n37
télé
73l3v1510n
cheminée
f1r3pl4c3
fleur
fl0w3r
coussin
cu5h10n
sofa
50f4
vase
v453
télécommande
r3m073 c0n7r0l

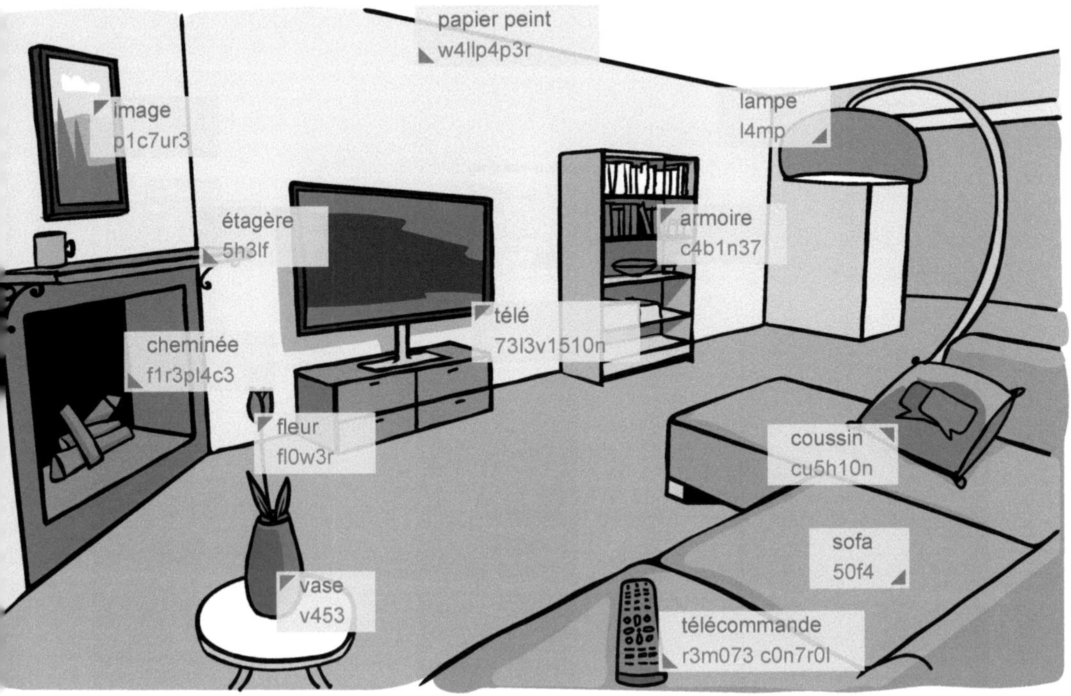

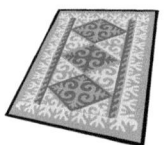

tapis

c4rp37

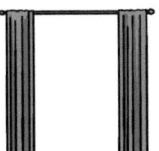

rideau

dr4p3

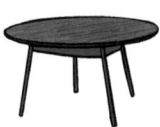

table

74bl3

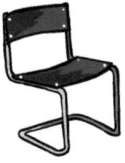

chaise

ch41r

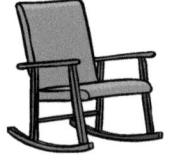

chaise à bascule

r0ck1n6 ch41r

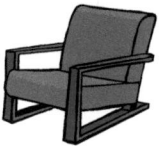

fauteuil

4rmch41r

livre

b00k

couverture

bl4nk37

décoration

d3c0r4710n

bois de chauffage

f1r3w00d

film

f1lm

chaîne hi-fi

573r30 5y573m

clé

k3y

journal

n3w5p4p3r

peinture

p41n71n6

poster

p0573r

radio

r4d10

bloc-notes

n073b00k

aspirateur

v4cuum cl34n3r

cactus

c4c7u5

bougie

c4ndl3

cuisine
k17ch3n

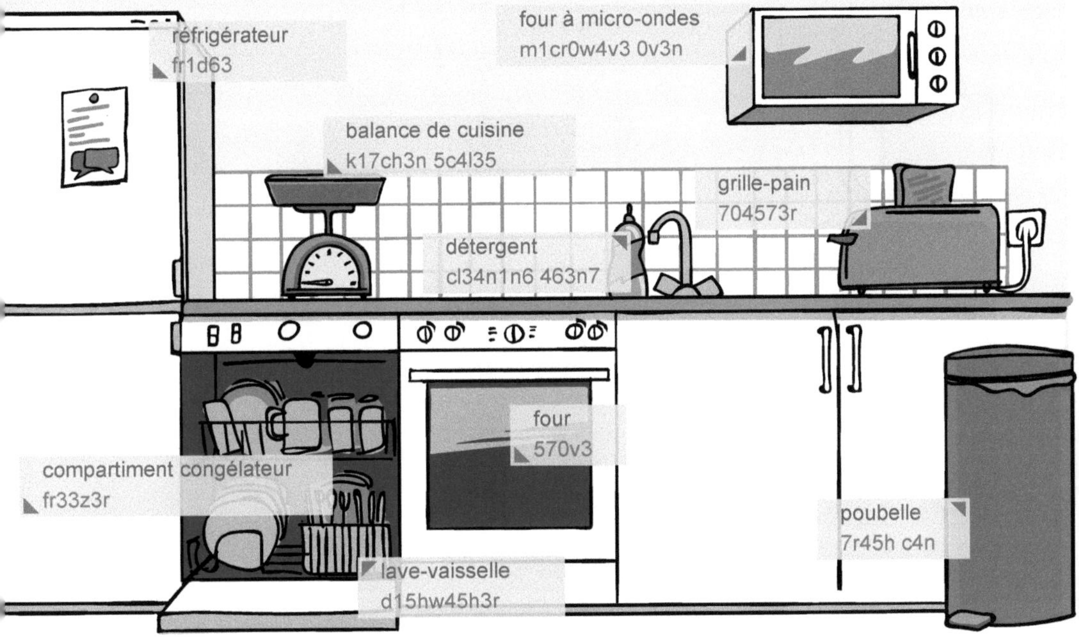

réfrigérateur
fr1d63
four à micro-ondes
m1cr0w4v3 0v3n
balance de cuisine
k17ch3n 5c4l35
grille-pain
704573r
détergent
cl34n1n6 463n7
four
570v3
compartiment congélateur
fr33z3r
poubelle
7r45h c4n
lave-vaisselle
d15hw45h3r

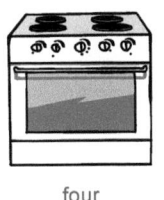

four

c00k3r

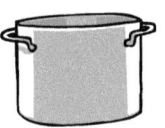

casserole

p07

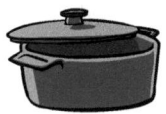

marmite

c457-1r0n p07

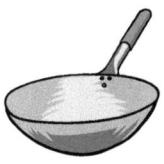

wok / kadai

w0k / k4d41

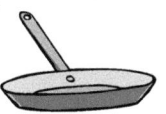

poêle

p4n

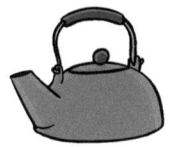

bouilloire electrique

k377l3

cuiseur vapeur

5734m3r

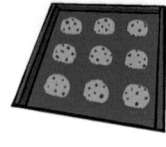

plaque de cuisson

b4k1n6 7r4y

vaisselle

cr0ck3ry

gobelet

mu6

coupe

b0wl

baguettes

ch0p571ck5

louche

l4dl3

spatule

5p47ul4

fouet

wh15k

passoire

57r41n3r

tamis

513v3

râpe

6r473r

mortier

m0r74r

barbecue

b4rb3cu3

cheminée

f1r3pl4c3

planche à découper

ch0pp1n6 b04rd

rouleau à pâtisserie

r0ll1n6 p1n

tire-bouchon

c0rk5cr3w

boîte

c4n

ouvre-boîte

c4n 0p3n3r

maniques

0v3n cl07h

lavabo

51nk

brosse

bru5h

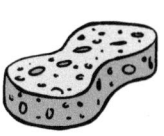

éponge

5p0n63

mixeur

bl3nd3r

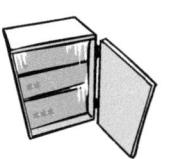

congélateur

d33p fr33z3r

biberon

b4by b077l3

robinet

74p

salle de bain

b47hr00m

douche
5h0w3r
chauffage
h3471n6
serviette
70w3l
rideau de douche
5h0w3r cur741n
bain moussant
bubbl3 b47h
baignoire
b47h7ub
verre
6l455
machine à laver
w45h1n6 m4ch1n3
robinet
74p
carrelage
71l35
pot
p077y
lavabo
51nk

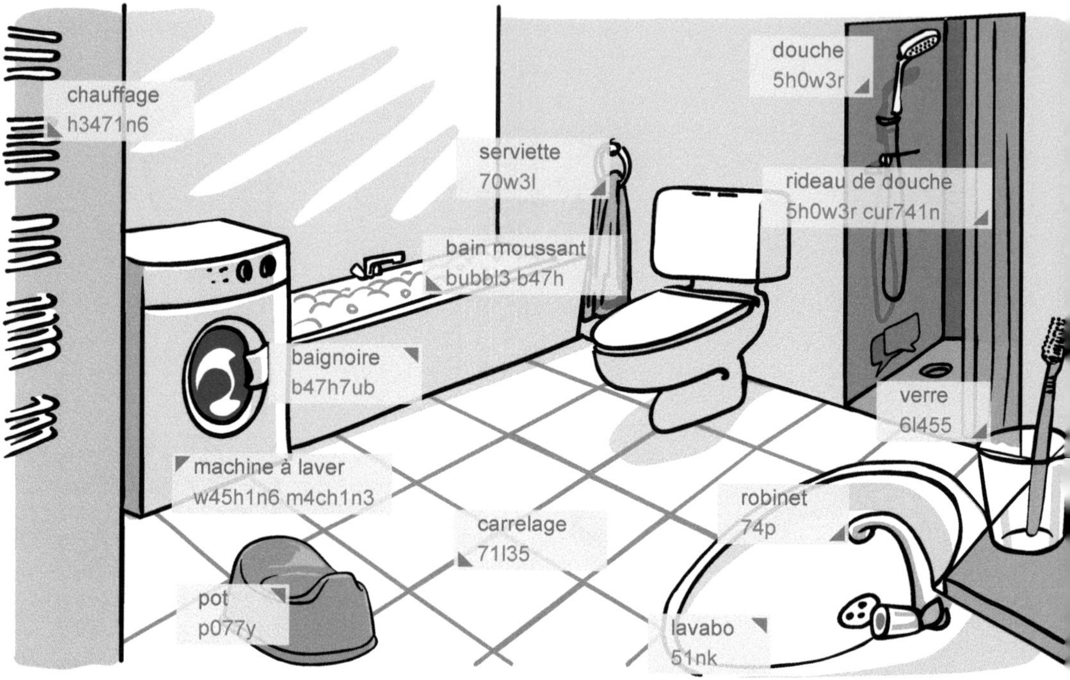

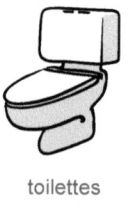

toilettes

701l37

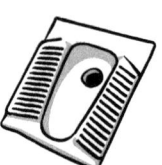

toilette à la turque

5qu47 701l37

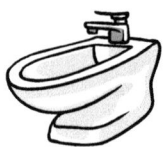

bidet

b1d37

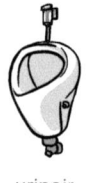

urinoir

ur1n4l

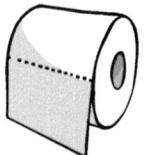

papier toilette

701l37 p4p3r

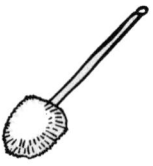

brosse à toilette

701l37 bru5h

brosse à dents

7007hbru5h

dentifrice

7007hp4573

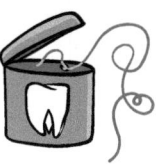

fil dentaire

d3n74l fl055

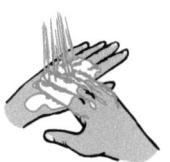

laver

w45h

douche manuelle

h4nd 5h0w3r

douche intime

d0uch3

vasque

b451n

brosse dorsale

b4ck bru5h

savon

504p

gel douche

5h0w3r 63l

shampooing

5h4mp00

gant de toilette

fl4nn3l

écoulement

dr41n

crème

cr3m3

déodorant

d30d0r4n7

miroir
m1rr0r

miroir cosmétique
h4nd m1rr0r

rasoir
r4z0r

mousse à raser
5h4v1n6 f04m

après-rasage
4f73r5h4v3

peigne
c0mb

brosse
bru5h

sèche-cheveux
h41r-dry3r

laque pour cheveux
h41r5pr4y

fond de teint
m4k3up

rouge à lèvres
l1p571ck

vernis à ongles
n41l v4rn15h

ouate
c0770n w00l

coupe-ongles
n41l 5c1550r5

parfum
p3rfum3

trousse de toilette

w45hb46

tabouret

5700l

pèse-personne

w316h1n6 5c4l35

peignoir

b47hr0b3

gants de nettoyage

rubb3r 6l0v35

tampon

74mp0n

serviettes hygiéniques

54n174ry 70w3l

toilette chimique

ch3m1c4l 701l37

chambre d'enfant

ch1ld'5 r00m

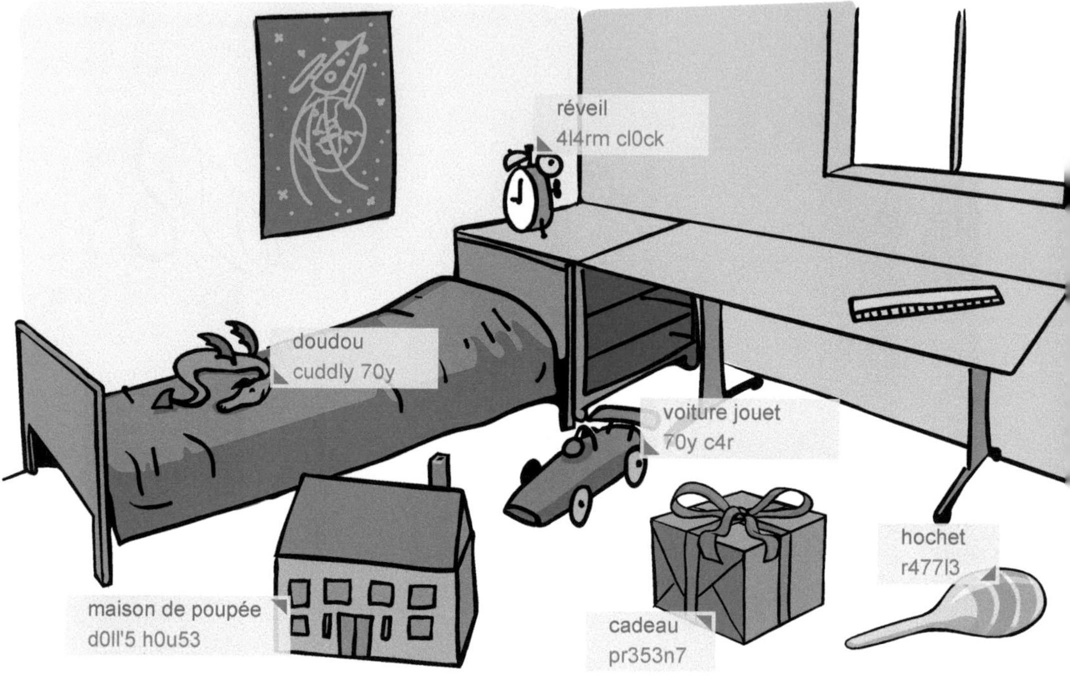

réveil
4l4rm cl0ck
doudou
cuddly 70y
voiture jouet
70y c4r
hochet
r477l3
maison de poupée
d0ll'5 h0u53
cadeau
pr353n7

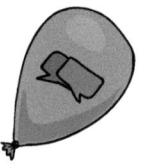

ballon

b4ll00n

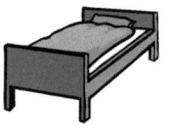

lit

b3d

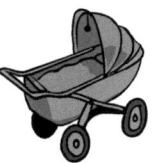

poussette

57r0ll3r

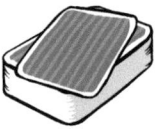

jeu de cartes

d3ck 0f c4rd5

puzzle

j1654w

SUPER
MEGA

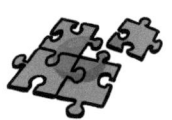

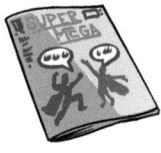

bande dessinée

c0m1c

pièces lego

l360 br1ck5

blocs de construction

70y bl0ck5

figurine

4c710n f16ur3

grenouillère

r0mp3r 5u17

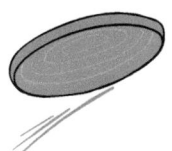

frisbee

fr15b33

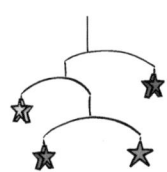

mobile

m0b1l3

jeu de société

b04rd 64m3

dé

d1c3

train miniature

m0d3l 7r41n 537

sucette

dummy

fête

p4r7y

livre d'images

p1c7ur3 b00k

balle

b4ll

poupée

d0ll

jouer

pl4y

bac à sable

54ndp17

balançoire

5w1n6

jouets

70y

console de jeu

v1d30 64m3 c0n50l3

tricycle

7r1cycl3

ours en peluche

73ddy b34r

armoire

w4rdr0b3

vêtements

cl07h1n6

chaussettes

50ck5

bas

570ck1n65

collant

716h75

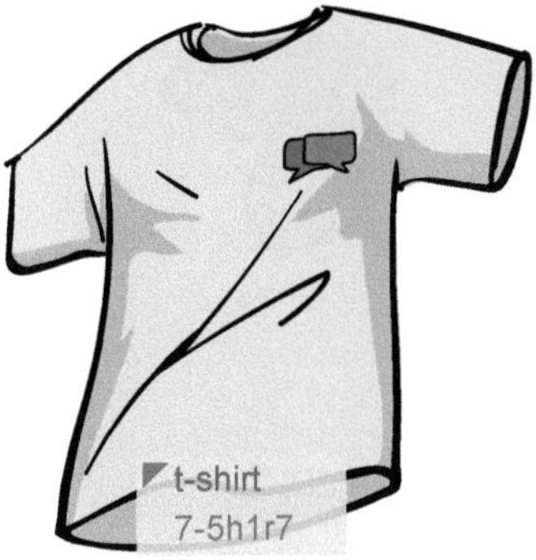

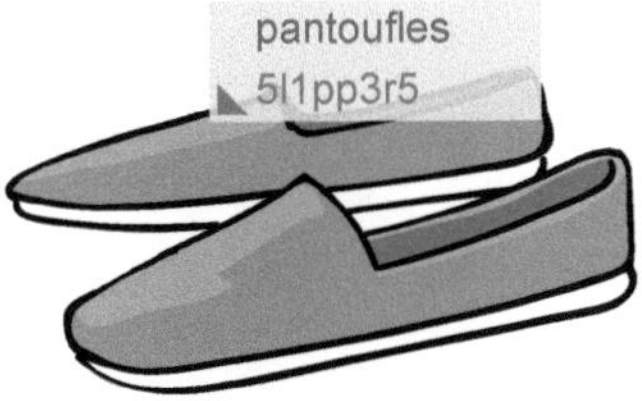

écharpe
5c4rf

ceinture
b3l7

parapluie
umbr3ll4

t-shirt
7-5h1r7

bottes
b0075

pantoufles
5l1pp3r5

baskets
5n34k3r5

sandales
....
54nd4l5

chaussures
....
5h035

bottes de caoutchouc

rubb3r b0075

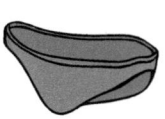

sous-vêtements
....
br13f5

soutien-gorge
....
br4

maillot de corps
....
und3r5h1r7

body

b0dy

pantalon

p4n75

jean

j34n5

jupe

5k1r7

chemisier

bl0u53

chemise

5h1r7

pull

pull0v3r

sweat à capuche

5w3473r

veste

bl4z3r

veste

j4ck37

manteau

c047

imperméable

r41nc047

costume

c057um3

robe

dr355

robe de mariée

w3dd1n6 dr355

costume

5u17

chemise de nuit

n16h760wn

pyjama

p4j4m45

sari

54r1

foulard

h34d5c4rf

turban

7urb4n

burqa

burk4

caftan

k4f74n

abaya

4b4y4

maillot de bain

5w1m5u17

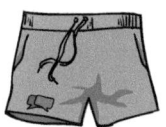

maillot de bain

7runk5

short

5h0r75

tenue d'entraînement

7r4ck5u17

tablier

4pr0n

gants

6l0v35

bouton

bu770n

lunettes

6l45535

bracelet

br4c3l37

collier

n3ckl4c3

bague

r1n6

boucle d'oreille

34rr1n6

bonnet

c4p

cintre

c047 h4n63r

chapeau

h47

cravate

713

fermeture éclair

z1p

casque

h3lm37

bretelles

br4c35

uniforme scolaire

5ch00l un1f0rm

uniforme

un1f0rm

bavoir
b1b

sucette
dummy

lange
d14p3r

bureau
0ff1c3

serveur
53rv3r

armoire d'archivage
f1l1n6 c4b1n37

imprimante
pr1n73r

écran
m0n170r

papier
p4p3r

souris
m0u53

bureau
d35k

classeur
f0ld3r

clavier
k3yb04rd

chaise
ch41r

corbeille à papier
w4573-p4p3r b45k37

ordinateur
c0mpu73r

tasse de café
c0ff33 mu6

calculatrice
c4lcul470r

internet
1n73rn37

ordinateur portable

l4p70p

lettre

l3773r

message

m355463

portable

c3ll ph0n3

réseau

n37w0rk

photocopieuse

ph070c0p13r

logiciel

50f7w4r3

téléphone

73l3ph0n3

prise

plu6 50ck37

fax

f4x m4ch1n3

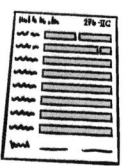

formulaire

f0rm

document

d0cum3n7

acheter

buy

payer

p4y

faire du commerce

7r4d3

monnaie

m0n3y

dollar

d0ll4r

euro

3ur0

yen

y3n

rouble

r0ubl3

franc suisse

5w155 fr4nc

renminbi yuan

r3nm1nb1 yu4n

roupie

rup33

distributeur automatique

c45h p01n7

bureau de change
curr3ncy 3xch4n63 0ff1c3

or
60ld

argent
51lv3r

pétrole
01l

énergie
3n3r6y

prix
pr1c3

contrat
c0n7r4c7

taxe
74x

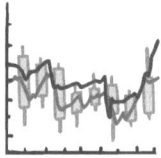

action
570ck

travailler
w0rk

employé
3mpl0y33

employeur
3mpl0y3r

usine
f4c70ry

magasin
5h0p

professions
0ccup4710n5

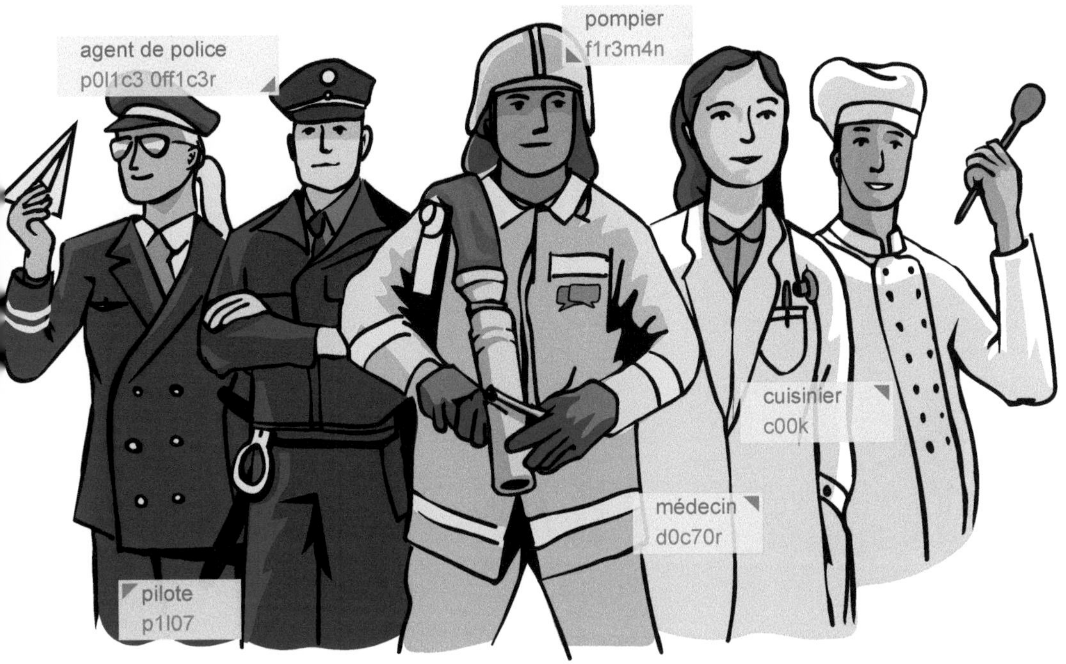
agent de police
p0l1c3 0ff1c3r
pompier
f1r3m4n
cuisinier
c00k
médecin
d0c70r
pilote
p1l07

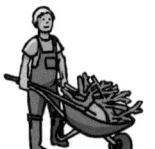

jardinier

64rd3n3r

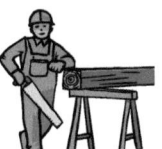

menuisier

c4rp3n73r

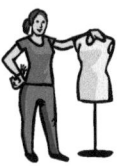

couturière

534m57r355

juge

jud63

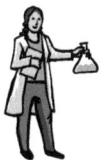

chimiste

ch3m157

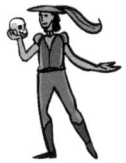

acteur

4c70r

conducteur de bus

bu5 dr1v3r

chauffeur de taxi

74x1 dr1v3r

pêcheur

f15h3rm4n

femme de ménage

cl34n1n6 l4dy

couvreur

r00f3r

serveur

w4173r

chasseur

hun73r

peintre

p41n73r

boulanger

b4k3r

électricien

3l3c7r1c14n

ouvrier

bu1ld3r

ingénieur

3n61n33r

boucher

bu7ch3r

plombier

plumb3r

facteur

p057m4n

soldat

50ld13r

architecte

4rch173c7

caissier

c45h13r

fleuriste

fl0r157

coiffeur

h41rdr3553r

contrôleur

c0nduc70r

mécanicien

m3ch4n1c

capitaine

c4p741n

dentiste

d3n7157

scientifique

5c13n7157

rabbin

r4bb1

imam

1m4m

moine

m0nk

prêtre

p4570r

outils
700l5

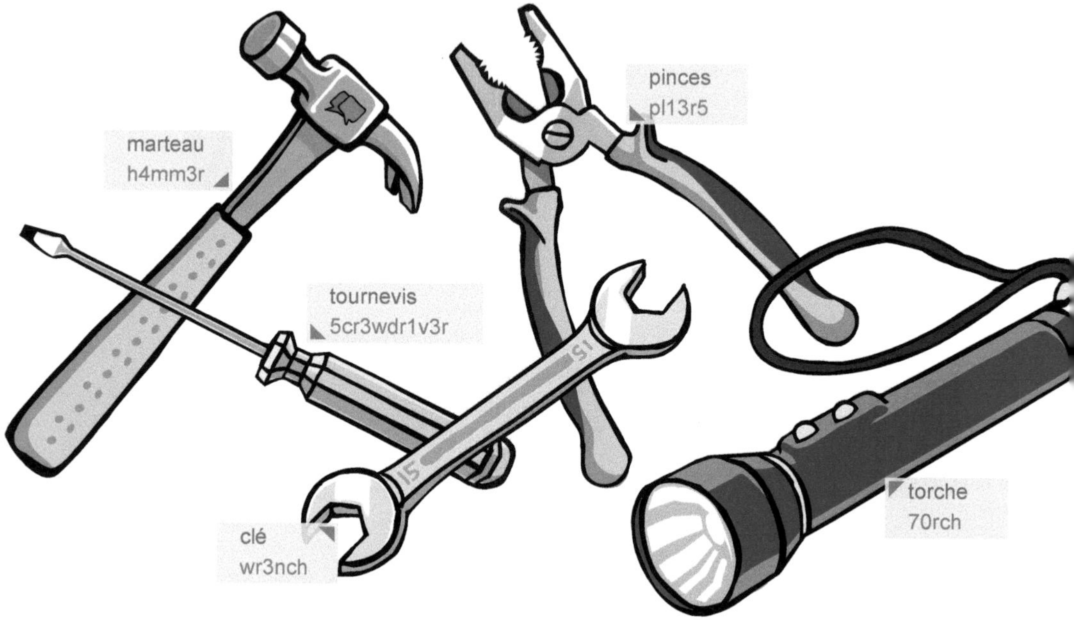
marteau
h4mm3r
pinces
pl13r5
tournevis
5cr3wdr1v3r
clé
wr3nch
torche
70rch

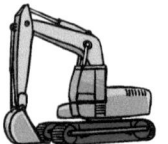

pelleteuse

3xc4v470r

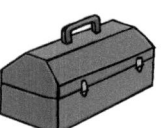

boîte à outils

700lb0x

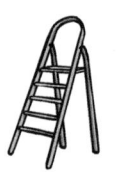

échelle

l4dd3r

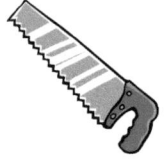

scie

54w

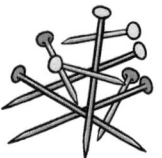

clous

n41l5

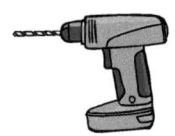

perceuse

dr1ll

réparer

r3p41r

pelle

5h0v3l

Mince !

d4mn!

pelle

du57p4n

pot de peinture

p41n7 c4n

vis

5cr3w5

instruments de musique
mu51c4l 1n57rum3n75

batterie
drum 537

haut-parleurs
l0ud 5p34k3r

guitare
6u174r

contrebasse
d0ubl3 b455

trompette
7rump37

piano

p14n0

violon

v10l1n

basse

b455

timbales

71mp4n1

tambour

drum5

piano électrique

k3yb04rd

saxophone

54x0ph0n3

flûte

flu73

microphone

m1cr0ph0n3

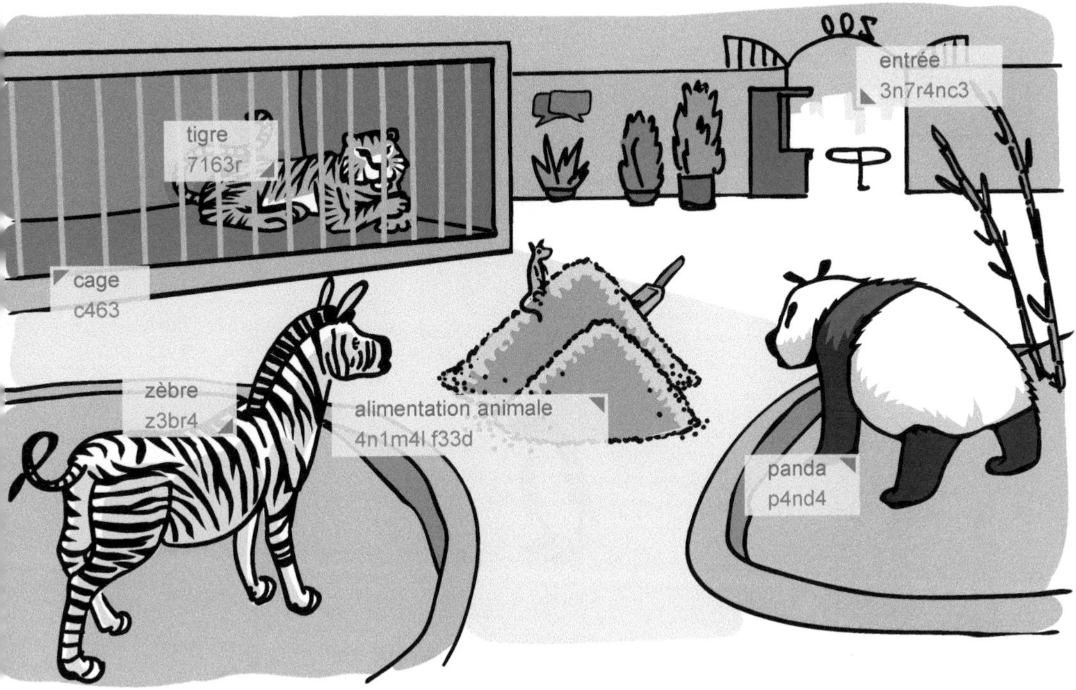

entrée
3n7r4nc3

tigre
7163r

cage
c463

zèbre
z3br4

alimentation animale
4n1m4l f33d

panda
p4nd4

animaux

4n1m4l5

éléphant

3l3ph4n7

kangourou

k4n64r00

rhinocéros

rh1n0

gorille

60r1ll4

ours

b34r

chameau

c4m3l

autruche

057r1ch

lion

l10n

singe

m0nk3y

flamand rose

fl4m1n60

perroquet

p4rr07

ours polaire

p0l4r b34r

pingouin

p3n6u1n

requin

5h4rk

paon

p34c0ck

serpent

5n4k3

crocodile

cr0c0d1l3

gardien de zoo

z00k33p3r

phoque

534l

jaguar

j46u4r

poney

p0ny

léopard

l30p4rd

hippopotame

h1pp0

girafe

61r4ff3

aigle

346l3

sanglier

b04r

poisson

f15h

tortue

7ur7l3

morse

w4lru5

renard

f0x

gazelle

64z3ll3

american Football
4m3r1c4n f007b4ll

cyclisme
cycl1n6

tennis
73nn15

basket-ball
b45k37b4ll

natation
5w1mm1n6

boxe
b0x1n6

hockey sur glace
1c3 h0ck3y

football

50cc3r

badminton

b4dm1n70n

athlétisme

47hl371c5

handball

h4ndb4ll

ski

5k11n6

polo

p0l0

activités
4c71v17135

rire
l4u6h
sauter
jump
embrasser
hu6
marcher
w4lk
chanter
51n6
rêver
dr34m
prier
pr4y
faire la bise
k155

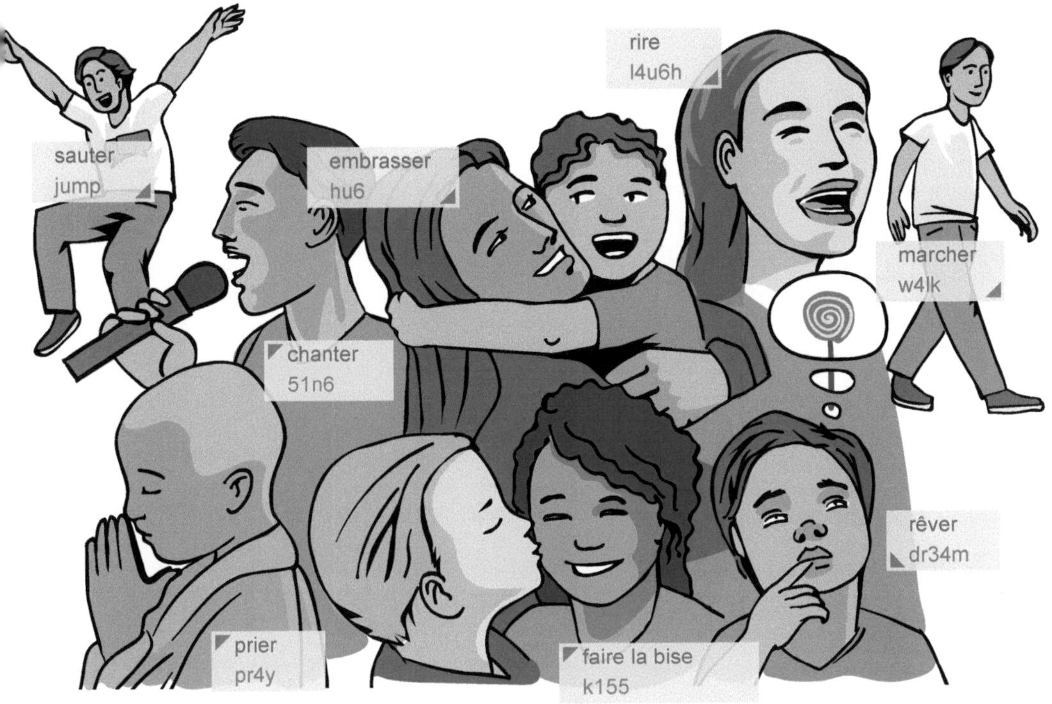

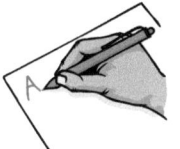

écrire
wr173

dessiner
dr4w

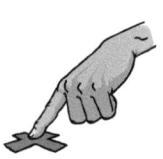

montrer
5h0w

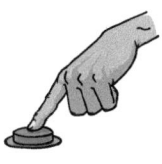

pousser
pu5h

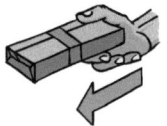

donner
61v3

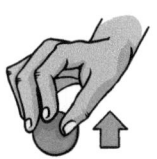

prendre
74k3

avoir

h4v3

faire

d0

être

b3

être debout

574nd

courir

run

trier

pull

jeter

7hr0w

tomber

f4ll

être couché

l13

attendre

w417

porter

c4rry

être assis

517

s'habiller

637 dr3553d

dormir

5l33p

se réveiller

w4k3 up

regarder

l00k 47

pleurer

cry

caresser

57r0k3

peigner

c0mb

parler

74lk

comprendre

und3r574nd

demander

45k

écouter

l1573n

boire

dr1nk

manger

347

ranger

71dy up

aimer

l0v3

cuire

c00k

conduire

dr1v3

voler

fly

faire de la voile

5411

calculer

c4lcul473

lire

r34d

apprendre

l34rn

travailler

w0rk

se marier

m4rry

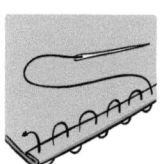

coudre

53w

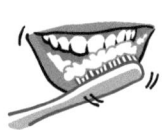

brosser les dents

bru5h 7337h

tuer

k1ll

fumer

5m0k3

envoyer

53nd

grand-mère
6r4ndm07h3r

bébé
b4by

mère
m07h3r

grand-père
6r4ndf47h3r

père
f47h3r

fille
d4u6h73r

fils
50n

hôte

6u357

tante

4un7

oncle

uncl3

frère

br07h3r

sœur

51573r

corps
b0dy

front
f0r3h34d
œil
3y3
épaule
5h0uld3r
doigt
f1n63r
visage
f4c3
menton
ch1n
main
h4nd
jambe
l36
poitrine
br3457
bras
4rm

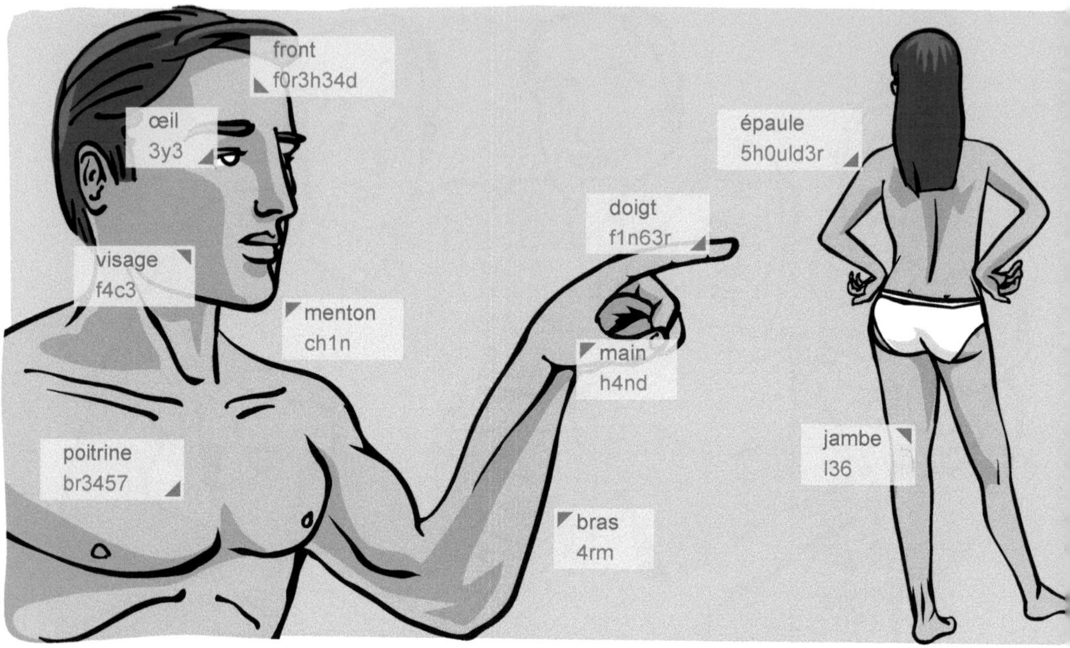

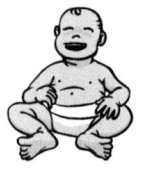

bébé

b4by

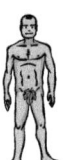

homme

m4n

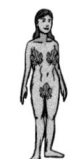

femme

w0m4n

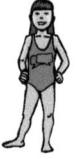

fille

61rl

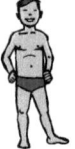

garçon

b0y

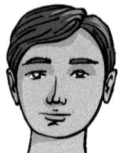

tête

h34d

dos

b4ck

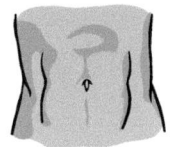

ventre

b3lly

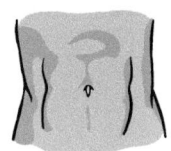

nombril

n4v3l

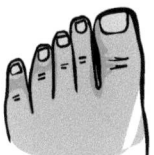

orteil

703

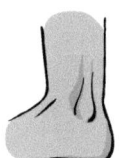

talon

h33l

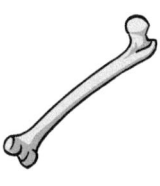

os

b0n3

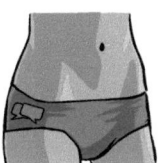

hanche

h1p

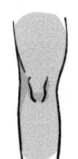

genou

kn33

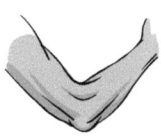

coude

3lb0w

nez

n053

fesses

bu770ck5

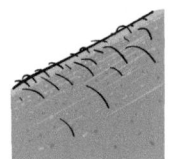

peau

5k1n

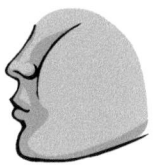

joue

ch33k

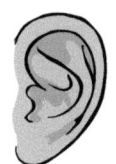

oreille

34r

lèvre

l1p

corps - b0dy

bouche

m0u7h

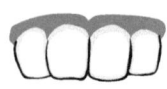

dent

7007h

langue

70n6u3

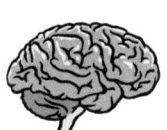

cerveau

br41n

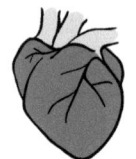

cœur

h34r7

muscle

mu5cl3

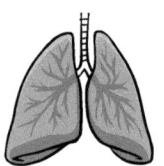

poumons

lun6

foie

l1v3r

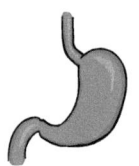

estomac

570m4ch

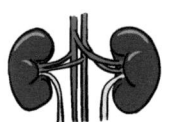

reins

k1dn3y5

rapport sexuel

53x

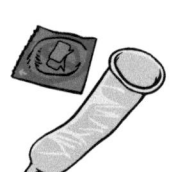

préservatif

c0nd0m

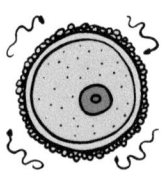

ovule

0vum

sperme

53m3n

grossesse

pr36n4ncy

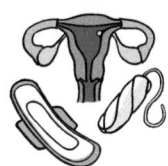

menstruation

m3n57ru4710n

vagin

v461n4

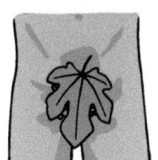

pénis

p3n15

sourcil

3y3br0w

cheveux

h41r

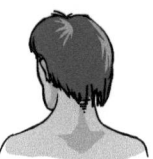

cou

n3ck

hôpital
h05p174l

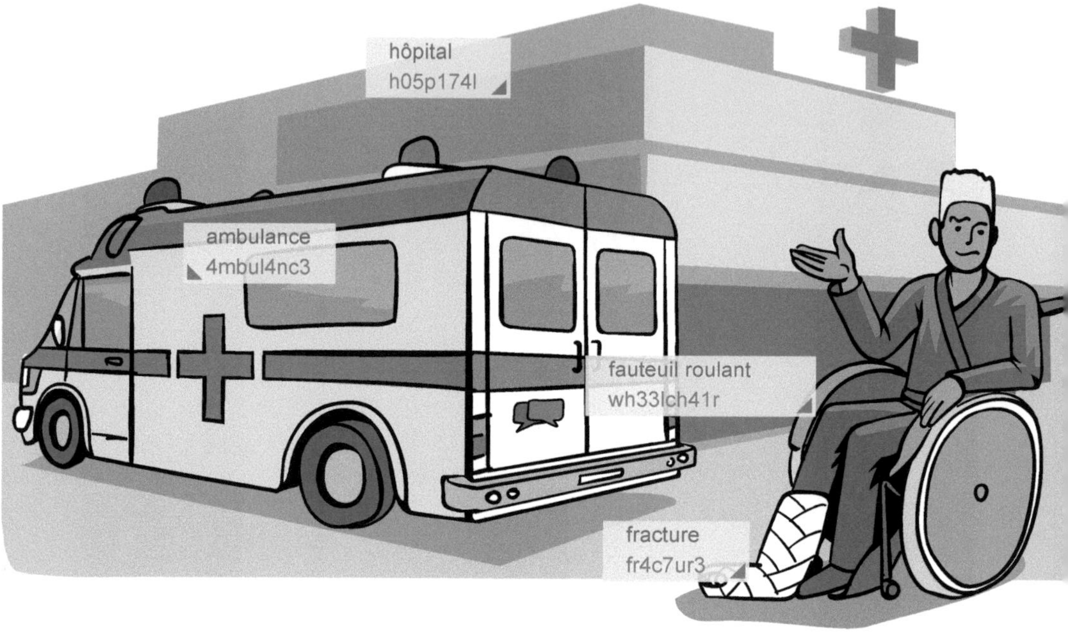

hôpital
h05p174l
ambulance
4mbul4nc3
fauteuil roulant
wh33lch41r
fracture
fr4c7ur3

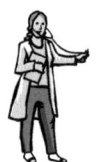

médecin

d0c70r

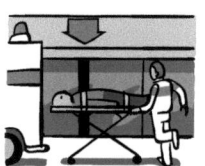

service des urgences

3m3r63ncy r00m

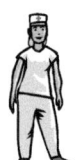

infirmière

nur53

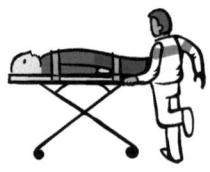

urgence

3m3r63ncy

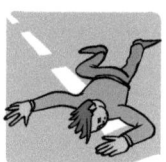

inconscient

unc0n5c10u5

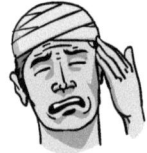

douleur

p41n

blessure

1njury

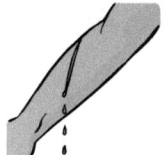

hémorragie

bl33d1n6

crise cardiaque

h34r7 4774ck

attaque cérébrale

57r0k3

allergie

4ll3r6y

toux

c0u6h

fièvre

f3v3r

grippe

flu

diarrhée

d14rrh34

mal de tête

h34d4ch3

cancer

c4nc3r

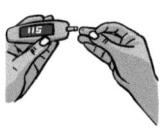

diabète

d14b3735

chirurgien

5ur630n

scalpel

5c4lp3l

opération

0p3r4710n

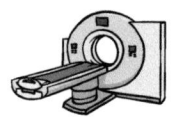

CT

c7

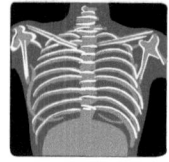

radiographie

x-r4y

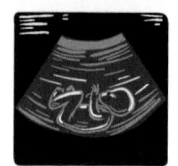

échographie

ul7r450und

masque

f4c3 m45k

maladie

d153453

salle d'attente

w4171n6 r00m

béquille

cru7ch

pansement

pl4573r

pansement

b4nd463

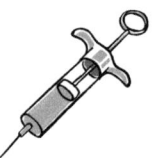

injection

1nj3c710n

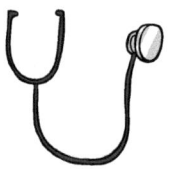

stéthoscope

5737h05c0p3

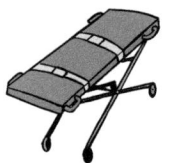

brancard

57r37ch3r

thermomètre

cl1n1c4l 7h3rm0m373r

accouchement

b1r7h

surcharge pondérale

0v3rw316h7

appareil auditif

h34r1n6 41d

désinfectant

d151nf3c74n7

infection

1nf3c710n

virus

v1ru5

VIH / sida

h1v / 41d5

médicament

m3d1c1n3

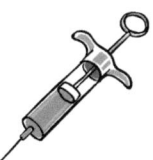

vaccination

v4cc1n4710n

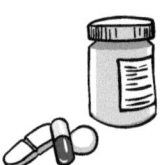

comprimés

74bl375

pilule

p1ll

appel d'urgence

3m3r63ncy c4ll

tensiomètre

bl00d pr355ur3 m0n170r

malade / sain

1ll / h34l7hy

Au secours !

h3lp!

alarme

4l4rm

assaut

4554ul7

attaque

4774ck

danger

d4n63r

sortie de secours

3m3r63ncy 3x17

Au feu!

f1r3!

extincteur

f1r3 3x71n6u15h3r

accident

4cc1d3n7

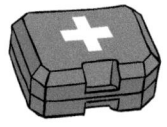

trousse de premier secours

f1r57-41d k17

SOS

505

police

p0l1c3

Europe

3ur0p3

Amérique du Nord

n0r7h 4m3r1c4

Amérique du Sud

50u7h 4m3r1c4

Afrique

4fr1c4

Asie

4514

Australie

4u57r4l14

Océan atlantique

47l4n71c

Océan pacifique

p4c1f1c

Océan indien

1nd14n 0c34n

Océan antarctique

4n74rc71c 0c34n

Océan arctique

4rc71c 0c34n

pôle nord

n0r7h p0l3

pôle sud
50u7h p0l3

Antarctique
4n74rc71c4

terre
34r7h

pays
l4nd

mer
534

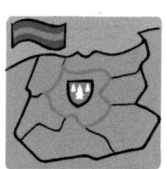

île
15l4nd

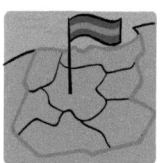

nation
n4710n

état
57473

cadran

cl0ck f4c3

aiguille des heures

h0ur h4nd

aiguille des minutes

m1nu73 h4nd

aiguille des secondes

53c0nd h4nd

Quelle heure est-il ?

wh47 71m3 15 17?

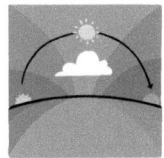

jour

d4y

temps

71m3

maintenant

n0w

montre digitale

d16174l w47ch

minute

m1nu73

heure

h0ur

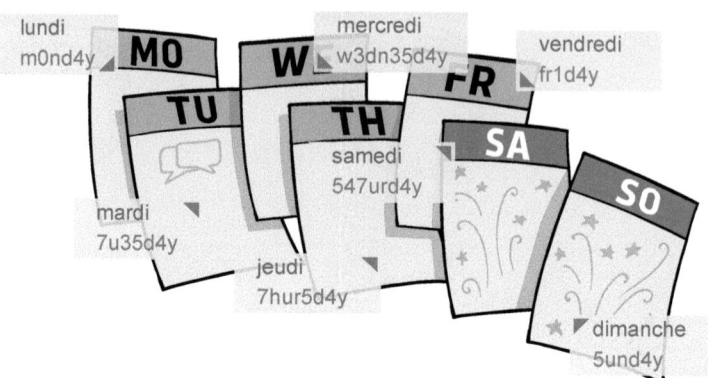

lundi
m0nd4y

mercredi
w3dn35d4y

vendredi
fr1d4y

mardi
7u35d4y

samedi
547urd4y

jeudi
7hur5d4y

dimanche
5und4y

hier

y3573rd4y

aujourd'hui

70d4y

demain

70m0rr0w

matin

m0rn1n6

midi

n00n

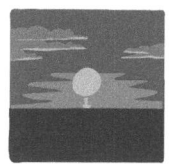

soir

3v3n1n6

jours ouvrables

w0rkd4y5

week-end

w33k3nd

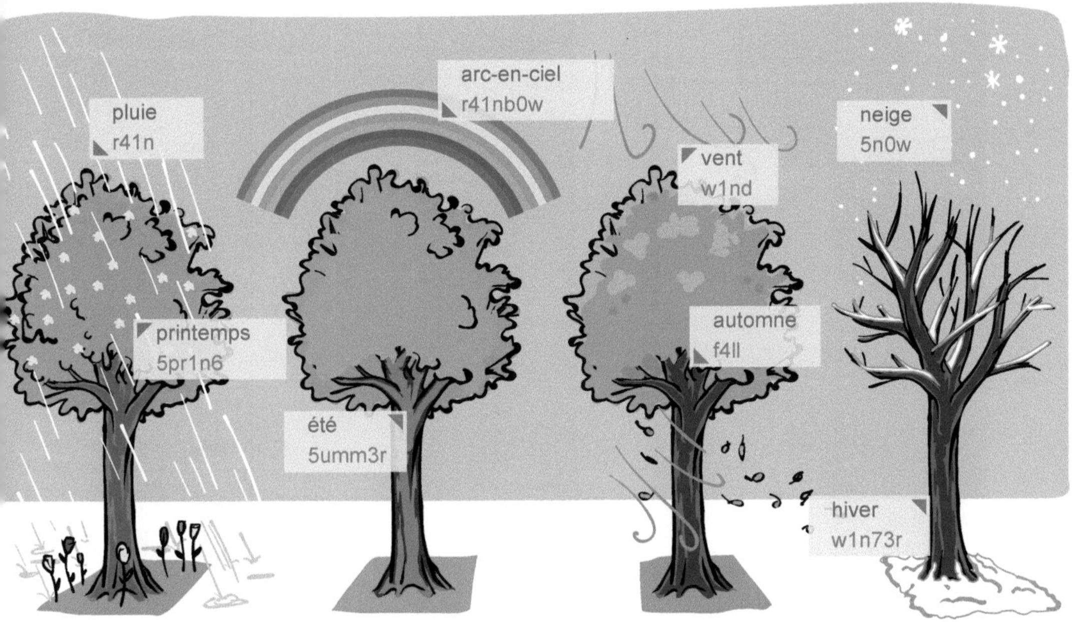

pluie
r41n
arc-en-ciel
r41nb0w
vent
w1nd
neige
5n0w
printemps
5pr1n6
été
5umm3r
automne
f4ll
hiver
w1n73r

4.APRIL 11°
5.APRIL 4°
6.APRIL 13°
7.APRIL 8°
8.APRIL 10°

météo

w347h3r f0r3c457

F C
120 40
90 30
60 20
30 10
0 0
-30 -10
-20

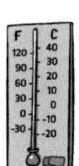

thermomètre

7h3rm0m373r

lumière du soleil

5un5h1n3

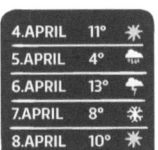

nuage

cl0ud

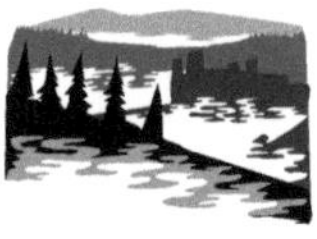

brouillard

f06

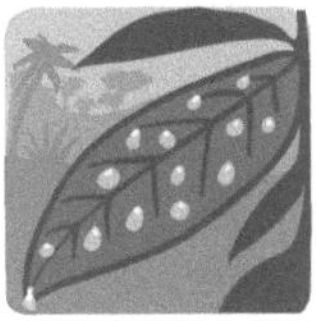

humidité

hum1d17y

foudre

l16h7n1n6

tonnerre

7hund3r

tempête

570rm

grêle

h41l

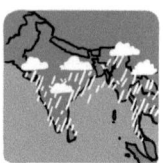

mousson

m0n500n

inondation

fl00d

glace

1c3

janvier

j4nu4ry

février

f3bru4ry

mars

m4rch

avril

4pr1l

mai

m4y

juin

jun3

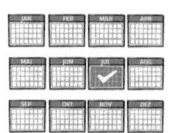

juillet

july

août

4u6u57

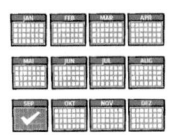

septembre

53p73mb3r

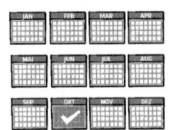

octobre

0c70b3r

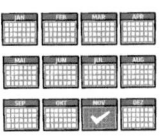

novembre

n0v3mb3r

décembre

d3c3mb3r

formes

5h4p35

cercle

c1rcl3

carré

5qu4r3

rectangle

r3c74n6l3

triangle

7r14n6l3

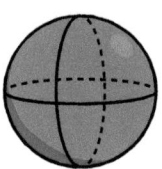

sphère

5ph3r3

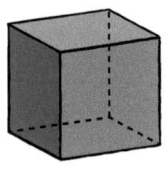

cube

cub3

blanc

wh173

jaune

y3ll0w

orange

0r4n63

rose

p1nk

rouge

r3d

violet

purpl3

bleu

blu3

vert

6r33n

marron

br0wn

gris

6r4y

noir

bl4ck

beaucoup / peu

4 l07 / 4 l177l3

fâché / calme

4n6ry / c4lm

joli / laid

b34u71ful / u6ly

début / fin

b361nn1n6 / 3nd

grand / petit

b16 / 5m4ll

clair / obscure

br16h7 / d4rk

frère / soeur

br07h3r / 51573r

propre / sale

cl34n / d1r7y

complet / incomplet

c0mpl373 / 1nc0mpl373

jour / nuit

d4y / n16h7

mort / vivant

d34d / 4l1v3

large / étroit

w1d3 / n4rr0w

comestible / incomestible

3d1bl3 / 1n3d1bl3

méchant / gentil

3v1l / k1nd

excité / ennuyé

3xc173d / b0r3d

gros / mince

f47 / 7h1n

premier / dernier

f1r57 / l457

ami / ennemi

fr13nd / 3n3my

plein / vide

full / 3mp7y

dur / souple

h4rd / 50f7

lourd / léger

h34vy / l16h7

faim / soif

hun63r / 7h1r57

malade / sain

1ll / h34l7hy

illégal / légal

1ll364l / l364l

intelligent / stupide

1n73ll163n7 / 57up1d

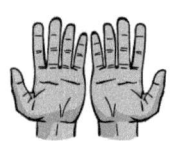

gauche / droite

l3f7 / r16h7

proche / loin

n34r / f4r

nouveau / usé

n3w / u53d

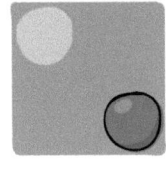

rien / quelque chose

n07h1n6 / 50m37h1n6

vieux / jeune

0ld / y0un6

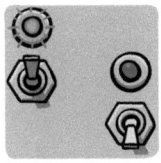

marche / arrêt

0n / 0ff

ouvert / fermé

0p3n / cl053d

faible / fort

qu137 / l0ud

riche / pauvre

r1ch / p00r

correct / incorrect

r16h7 / wr0n6

rugueux / lisse

r0u6h / 5m007h

triste / heureux

54d / h4ppy

court / long

5h0r7 / l0n6

lent / rapide

5l0w / f457

mouillé / sec

w37 / dry

chaud / froid

w4rm / c00l

guerre / paix

w4r / p34c3

0	**1**	**2**
zéro	un / une	deux
z3r0	0n3	7w0

3	**4**	**5**
trois	quatre	cinq
7hr33	f0ur	f1v3

6	**7**	**8**
six	sept	huit
51x	53v3n	316h7

9	**10**	**11**
neuf	dix	onze
n1n3	73n	3l3v3n

12
douze
7w3lv3

13
treize
7h1r733n

14
quatorze
f0ur733n

15
quinze
f1f733n

16
seize
51x733n

17
dix-sept
53v3n733n

18
dix-huit
316h733n

19
dix-neuf
n1n3733n

20
vingt
7w3n7y

100
cent
hundr3d

1.000
mille
7h0u54nd

1.000.000
million
m1ll10n

anglais

3n6l15h

anglais américain

4m3r1c4n 3n6l15h

chinois mandarin

ch1n353 m4nd4r1n

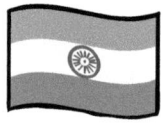

hindi

h1nd1

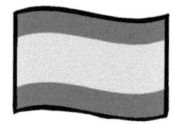

espagnol

5p4n15h

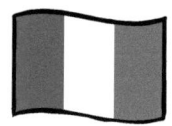

français

fr3nch

arabe

4r4b1c

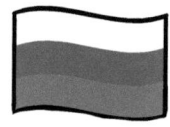

russe

ru5514n

portugais

p0r7u6u353

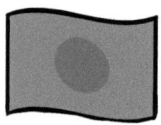

bengali

b3n64l1

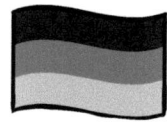

allemand

63rm4n

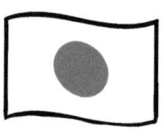

japonais

j4p4n353

je
....
1

tu
....
y0u

il / elle / ce, c', cela
....
h3 / 5h3 / 17

nous
....
w3

vous
....
y0u

ils / elles
....
7h3y

Qui ?
....
wh0?

Quoi ?
....
wh47?

Comment ?
....
h0w?

Où ?
....
wh3r3?

Quand ?
....
wh3n?

nom
....
n4m3

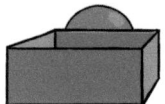

derrière

b3h1nd

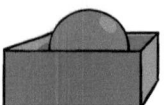

dans

1n

devant

1n fr0n7 0f

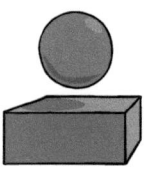

au-dessus

0v3r

sur

0n

en-dessous

und3r

à côté de

b351d3

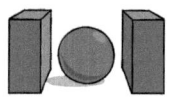

entre

b37w33n

lieu

pl4c3